Cuisine indienne

Bikash et Marcela KUMAR

Photos : Bob NORRIS
Stylisme : Valéry DROUET

HACHETTE
Pratique

Sommaire

Signification des symboles

★ très facile	€ bon marché
★★ facile	€€ raisonnable
★★★ difficile	€€€ cher

Lentilles rouges à la coriandre fraîche

Masoor dal

Pour **4 personnes** – Préparation : environ **30 minutes**
Une portion contient environ : 230 kcal
Protides 10 g – Lipides 11 g – Glucides 23 g
Difficulté : ★ - Coût : €

- 175 g de masoor dal (lentilles rouges)
- 1 lamelle de gingembre frais
- Quelques branches de coriandre fraîche
- 1/8 de cuil. à café d'assa-fœtida
- 1 cuil. à café de coriandre moulue
- 1 cuil. à café de graines de cumin
- 1 cuil. à café de curcuma
- 1/4 de cuil. à café de piment moulu
- 2 cuil. à soupe de ghee
- Sel

1 Dans une casserole, mettez le masoor dal avec 50 cl d'eau et portez à ébullition. Pelez le gingembre, râpez-le finement et ajoutez-le, avec le curcuma et le sel, au contenu de la casserole. Couvrez et faites cuire les lentilles à feu modéré pendant environ 20 min, jusqu'à ce qu'elles soient tendres. Retirez la casserole du feu.

2 Faites chauffer le ghee à feu moyen dans une petite casserole. Ajoutez le cumin, la coriandre en poudre, l'assa-fœtida et le piment. Faites-les revenir pendant 1 min en remuant constamment. Incorporez le tout aux lentilles et mélangez bien.

3 Parsemez le plat avec l'équivalent de 2 cuillerées à soupe de coriandre fraîche.

Variante

Vous pouvez remplacer la coriandre fraîche par du persil.

Pois chiches à la noix de coco

Chana dal

Pour **4 personnes** – Préparation : environ **40 minutes**
Une portion contient environ : 360 kcal
Protides 11 g – Lipides 16 g – Glucides 43 g
Difficulté : ★ - Coût : €

- 200 g de chana dal (pois chiches)
- 2 piments frais
- 2 feuilles de laurier
- 1 cuil. à café de graines de cumin
- 1 cuil. à café de curcuma
- 1 cuil. à café de paprika doux en poudre
- 80 g de noix de coco râpée
- 1/2 cuil. à café de sucre
- 2 cuil. à soupe de ghee
- Sel

1 Dans une casserole, mélangez le chana dal avec 50 cl d'eau et portez à ébullition. Couvrez et laissez cuire à feu doux, environ 25 min. Lavez et nettoyez les piments, mais gardez-les entiers.

2 Dans une autre casserole, faites chauffer le ghee à feu modéré. Ajoutez-y les graines de cumin, le laurier, les piments, le curcuma, le paprika, du sel, le sucre et la noix de coco. Faites-les revenir pendant 3 min, en ayant soin de mélanger constamment.

3 Incorporez les épices aux pois chiches et mélangez bien.

Haricots au garam masala

Moong dal

Pour **4 personnes** – Préparation : environ **40 minutes**
Une portion contient environ : 380 kcal
Protides 23 g – Lipides 25 g – Glucides 17 g
Difficulté : ★ - Coût : €

- 250 g de moong dal (petits haricots jaune-vert)
- 1 oignon
- 2 gousses d'ail
- 1 morceau de gingembre frais de 4 cm de long
- 1 cuil. à café de cumin moulu
- 1/2 cuil. à café de curcuma
- 1/2 cuil. à café de garam masala
- 2 cuil. à soupe de ghee
- Sel

1 Pelez l'oignon et hachez-le menu. Pelez le gingembre et l'ail et râpez-les finement.

2 Faites chauffer le ghee dans une casserole. Ajoutez l'oignon, l'ail et le gingembre et faites revenir le tout à feu moyen, en mélangeant constamment, jusqu'à ce que l'oignon soit bien doré. Incorporez alors le curcuma et le cumin et, sans cesser de remuer, faites revenir à nouveau 2 min supplémentaires.

3 Ajoutez le moong dal et faites cuire encore 2 min. Ensuite, versez 80 cl d'eau et salez.

4 Amenez à ébullition, puis poursuivez la cuisson à couvert et à feu doux pendant 25 min, jusqu'à ce que les haricots soient tendres. En fin de cuisson, saupoudrez de garam masala. Servez chaud avec du riz ou des chapati.

Croquettes de légumes

Sabzi Chop

Pour **4 personnes** – Préparation : environ **45 minutes**
Une portion contient environ : 360 kcal
Protides 9 g – Lipides 17 g – Glucides 44 g
Difficulté : ★★ - Coût : €

- 300 g de pommes de terre farineuses
- 150 g de carottes
- 1 betterave (150 g environ)
- 50 g de chou blanc
- 2 oignons
- 1 œuf
- 1 cuil. à café de cumin moulu
- 1 cuil. à café de paprika en poudre
- 1/2 cuil. à café de piment moulu
- 150 g de chapelure
- 2 cuil. à soupe de ghee
- Huile pour friture
- Sel

1 Lavez les pommes de terre, les carottes et la betterave. Pelez-les et détaillez-les en petits dés.

2 Mettez ces légumes dans une casserole avec 15 cl d'eau et faites-les cuire à couvert et à feu moyen, jusqu'à ce qu'ils soient tendres. Égouttez-les dans une passoire, puis passez-les au presse-purée.

3 Lavez le chou blanc. Pelez les oignons et hachez-les finement. Faites chauffer le ghee dans une casserole et faites-y dorer les oignons. Ajoutez le chou blanc et continuez la cuisson à feu moyen, pendant 10 min.

4 Mettez tous les légumes dans un saladier. Saupoudrez avec les épices moulues, mélangez le tout et salez. Confectionnez 12 croquettes plates. Laissez refroidir.

5 Plongez les croquettes dans l'œuf battu, puis passez-les dans la chapelure.

6 Faites chauffer l'huile pour friture dans une poêle. Faites-y frire les croquettes des deux côtés à feu moyen, 2 à 4 min.

Petits chaussons farcis

Samosa

Pour **16 petits chaussons** – Préparation : environ **1 heure 30**
Une portion contient environ : 250 kcal
Protides 3 g – Lipides 18 g – Glucides 20 g
Difficulté : ★★★ - Coût : €€

Pour la farce :
- 1/2 chou-fleur (400 g)
- 4 pommes de terre farineuses (400 g)
- 100 g de petits pois surgelés
- 1 morceau de gingembre frais de 3 cm de long
- 1 cuil. à café de coriandre moulue
- 1/2 cuil. à café de graines de cumin
- 1/2 cuil. à café de cumin noir (nigelle)
- 1/4 de cuil. à café de piment moulu
- 1 cuil. à café de paprika doux en poudre
- 1 cuil. à café de garam masala
- 3 cuil. à soupe de ghee
- 1 cuil. à café de sel

Pour la pâte :
- 300 g de farine
- 4 cuil. à soupe de ghee ou d'huile
- Huile pour friture
- 1 cuil. à café de sel

1 Pour la farce, lavez les pommes de terre et pelez-les. Coupez-les en dés. Lavez le chou-fleur et séparez-le en dés. Pelez le gingembre. Râpez-le.

2 Faites chauffer le ghee dans une casserole. Faites-y revenir le cumin et la nigelle 1 min. Incorporez les épices en poudre, sauf le garam masala, sans cesser de remuer. Ajoutez le gingembre et tous les légumes. Faites revenir 5 min, en mélangeant.

3 Réduisez le feu, couvrez la casserole et laissez mijoter les légumes 10 min, jusqu'à ce qu'ils soient tendres. En fin de cuisson, saupoudrez avec le garam masala et le sel et mélangez. Versez la préparation dans un saladier et laissez refroidir.

4 Préparez la pâte : mettez la farine, le ghee (ou l'huile), le sel et 20 cl d'eau dans une terrine. Travaillez les ingrédients pendant 15 min, jusqu'à l'obtention d'une pâte ferme et souple. Recouvrez-la d'un linge humide et laissez-la reposer 10 min.

5 Divisez la pâte en 8 boulettes. À l'aide du rouleau à pâtisserie, étalez chaque boulette sur une planche préalablement huilée, en autant de disques de 12 cm de diamètre. Coupez chaque disque en deux.

6 Rabattez la pâte d'un des demi-disques en pressant, avec vos doigts mouillés, les deux bords droits opposés. Garnissez avec 2 cuillerées à café de farce, puis soudez les deux bords opposés pour fermer. Répétez l'opération pour les autres.

7 Faites chauffer l'huile dans un kerai ou une friteuse à 170 °C. Plongez-y une première série de chaussons et laissez-les cuire jusqu'à ce qu'ils soient bien dorés.

8 Égouttez-les sur une feuille de papier absorbant et servez-les chauds en entrée.

Curry de légumes

Alu Gobi

Pour **4 personnes** – Préparation : environ **50 minutes**
Une portion contient environ : 360 kcal
Protides 8 g – Lipides 26 g – Glucides 24 g
Difficulté : ★★ - Coût : €

- 350 g de chou-fleur
- 350 g de pommes de terre à chair ferme
- 2 tomates
- 2 piments frais
- 1 morceau de gingembre frais de 3 cm de long
- 200 g de petits pois surgelés
- 2 oignons moyens
- 3 cuil. à soupe de yaourt
- 1 1/2 cuil. à café de cumin moulu
- 1 1/2 cuil. à café de curcuma
- 1 cuil. à café de garam masala
- 1 cuil. à café de mélange de cinq-épices (panch phora)
- 2 cuil. à café de paprika doux en poudre
- 1/4 de cuil. à café de piment moulu
- 6 cuil. à soupe d'huile
- Sel

1 Lavez le chou-fleur et séparez-le en bouquets de 5 cm de long. Lavez les pommes de terre, pelez-les et détaillez-les en gros dés. Pelez les oignons et hachez-les. Nettoyez les piments, lavez-les, éliminez les graines, puis hachez-les menu. Pelez le gingembre et râpez-le finement. Lavez les tomates et coupez-les en quatre.

2 Faites chauffer l'huile. Ajoutez le mélange de cinq-épices et les oignons et faites revenir à feu moyen, en remuant constamment.

3 Ajoutez les pommes de terre, le chou-fleur et les piments et faites-les revenir 3 min en remuant. Ajoutez les épices en poudre, sauf le garam masala, et le gingembre, et faites cuire 3 ou 4 min.

4 Incorporez les tomates, les petits pois et le yaourt. Mélangez bien. Arrosez avec 25 cl d'eau, salez et laissez mijoter 20 min, jusqu'à ce que le chou-fleur et les pommes de terre soient tendres. Remuez le mélange de temps en temps.

5 En fin de cuisson, saupoudrez le curry de légumes de garam masala.

Riz Biryani aux œufs

Anda Biryani

Pour **6 personnes** – Préparation : environ **2 heures**
Une portion contient environ : 590 kcal
Protides 15 g – Lipides 29 g – Glucides 67 g
Difficulté : ★★ - Coût : €€

- 350 g de chou-fleur
- 250 g de pommes de terre
- 2 tomates
- 400 g de riz basmati
- 200 g de petits pois surgelés
- 1 morceau de gingembre frais de 4 cm de long
- 1 écorce de cannelle de 5 cm
- 2 feuilles de laurier
- 3 oignons, 3 clous de girofle
- 3 œufs durs
- 2 cuil. à soupe de yaourt
- Les graines de 3 capsules de cardamome verte
- 1/2 cuil. à café de cumin moulu
- 1/2 cuil. à café de curcuma
- 1/2 cuil. à café de paprika doux en poudre
- 1/2 cuil. à café de piment moulu
- 2 cuil. à soupe de raisins secs
- 2 cuil. à soupe d'amandes effilées
- 6 cuil. à soupe de ghee
- Sel

1 Lavez le riz, puis égouttez-le 30 min. Pelez 1 oignon et hachez-le menu. Faites chauffer 3 cuillerées à soupe de ghee dans une casserole et faites-y dorer l'oignon. Ajoutez le riz et faites-le cuire 3 min. Arrosez avec 25 cl d'eau et laissez cuire 10 min.

2 Lavez les légumes. Séparez le chou-fleur en petits bouquets de 2 cm. Épluchez et détaillez les pommes de terre en dés de 3 cm. Coupez les tomates en quatre. Pelez les 2 oignons qui restent et hachez-les finement. Pelez le gingembre et râpez-le finement.

3 Faites chauffer le ghee restant dans une casserole. Faites-y revenir les clous de girofle, la cannelle, la cardamome et le laurier 3 min à feu moyen, en mélangeant. Incorporez petit à petit les oignons, le chou-fleur et les pommes de terre. Mélangez.

4 Ajoutez les épices en poudre, le gingembre, les tomates et les petits pois et faites cuire 2 min. Incorporez le yaourt et mélangez. Versez 25 cl d'eau, salez et faites cuire à couvert 5 min.

5 Faites tremper une cocotte en terre poreuse. Disposez par couches la moitié du riz, les amandes, les raisins, les légumes et le reste du riz.

6 Couvrez la cocotte, enfournez-la. Réglez le four à 200 °C (th. 6) et laissez cuire 1 h. Mélangez les ingrédients avant de servir.

7 Écalez les œufs. Vous pouvez les couper en quatre dans le sens de la longueur et en décorer le plat.

Gombos au lait de coco

Bhindi Sabji

Pour **2 à 4 personnes** – Préparation : environ **55 minutes**
Une portion contient environ : 240 kcal
Protides 4 g – Lipides 21 g – Glucides 8 g
Difficulté : ★★ - Coût : €€

- 500 g de gombos
- 4 tomates mûres
- 1 morceau de gingembre frais de 3 cm de long
- 2 oignons moyens
- 2 gousses d'ail
- 1 cuil. à café de coriandre moulue
- 1 cuil. à café de cumin moulu
- 1/2 cuil. à café de curcuma
- 1/2 cuil. à café de graines de fenouil moulues
- 1 cuil. à café de paprika doux en poudre
- 1/4 de cuil. à café de piment moulu
- 37 cl de lait de coco
- 3 cuil. à soupe de ghee
- Sel

1 Lavez et essuyez les gombos. Retirez-en les extrémités puis coupez-les en tronçons de 2 cm. Pelez les oignons et l'ail et hachez-les finement. Lavez les tomates et détaillez-les en dés de 2 cm. Pelez et râpez le gingembre.

2 Faites chauffer le ghee à feu doux, dans une poêle. Faites-y dorer les oignons. Puis ajoutez l'ail et le gingembre et faites-les revenir pendant 5 min, en remuant constamment.

3 Incorporez toutes les épices en poudre et faites-les revenir de 3 à 4 min. Ajoutez les gombos et faites cuire le tout encore 3 min.

4 Incorporez les tomates et le lait de coco. Mélangez, salez et amenez à ébullition. Couvrez et laissez mijoter à feu doux 25 min, jusqu'à ce que les gombos soient tendres. Servez avec du riz.

Curry de pommes de terre au pavot

Alu Posto

Pour **2 personnes** – Préparation : environ **35 minutes**
Une portion contient environ : 580 kcal
Protides 8 g – Lipides 44 g – Glucides 39 g
Difficulté : ★ - Coût : €

- 500 g de pommes de terre à chair ferme
- 2 piments frais
- 1 morceau de gingembre frais de 2 cm de long
- 1 cuil. à café de curcuma
- 1 cuil. à café de paprika doux en poudre
- 3 cuil. à soupe de pavot blanc
- 1/4 de cuil. à café de piment moulu
- 5 cuil. à soupe d'huile
- Sel

1 Lavez les pommes de terre, pelez-les et détaillez-les en dés de 2 cm. Nettoyez les piments, lavez-les et hachez-les menu. Pelez le gingembre et râpez-le finement. Moulez les graines de pavot au moulin à café.

2 Faites chauffer l'huile à feu modéré, dans un kerai ou une casserole. Ajoutez les pommes de terre et faites-les revenir 5 min, en remuant constamment.

3 Incorporez les piments, le gingembre et les épices en poudre et faites-les revenir pendant 3 min, jusqu'à ce que les épices prennent une couleur brune. Arrosez avec 40 cl d'eau, salez et mélangez bien. Portez un instant à ébullition.

4 Saupoudrez de pavot moulu, mélangez soigneusement et faites cuire à feu doux et à couvert, jusqu'à ce que les pommes de terre soient tendres. Remuez de temps à autre pour empêcher les légumes d'attacher.

Chou blanc aux petits pois

Bandha Gobi

Pour **4 personnes** – Préparation : environ **50 minutes**
Une portion contient environ : 230 kcal
Protides 5 g – Lipides 15 g – Glucides 20 g
Difficulté : ★★ - Coût : €

- 500 g de chou blanc
- 250 g de pommes de terre
- 2 tomates
- 150 g de petits pois surgelés
- 3 feuilles de laurier
- 1 cuil. à café de coriandre moulue
- 1/2 cuil. à café de graines de cumin
- 1 1/2 cuil. à café de cumin moulu
- 1 cuil. à café de curcuma
- 1/2 cuil. à café de piment moulu
- 1/2 cuil. à café de sucre
- 3 cuil. à soupe de ghee
- Sel

1 Lavez le chou blanc, égouttez-le bien et coupez-le en fines lamelles. Lavez les pommes de terre, pelez-les et détaillez-les en petits dés. Lavez les tomates et coupez-les aussi en petits dés.

2 Faites chauffer le ghee à feu modéré dans une casserole. Jetez-y le laurier et les graines de cumin, et faites-les revenir un instant.

3 Ajoutez le chou blanc et les pommes de terre, et faites-les cuire 3 min en remuant constamment.

4 Incorporez petit à petit toutes les épices en poudre, les tomates, du sel et le sucre. Mélangez.

5 Couvrez les légumes et faites-les cuire à feu doux 15 min. Ajoutez les petits pois et poursuivez la cuisson à couvert, 5 min. Ajoutez un peu d'eau et remuez de temps à autre pour éviter que les légumes n'attachent à la casserole.

Curry d'œufs durs

Anda Kari

Pour **4 personnes** – Préparation : environ **1 heure**
Une portion contient environ : 280 kcal
Protides 9 g – Lipides 21 g – Glucides 14 g
Difficulté : ★ - Coût : €

- 250 g de pommes de terre
- 4 oignons, 2 gousses d'ail
- 1 morceau de gingembre frais de 4 cm de long
- 3 écorces de cannelle de 5 cm chacune
- 2 feuilles de laurier
- 3 clous de girofle
- 4 œufs durs
- Les graines de 3 capsules de cardamome
- 1/2 cuil. à café de piment moulu
- 1 1/2 cuil. à café de curcuma
- 1 cuil. à café de garam masala
- 2 cuil. à soupe de ghee
- 3 cuil. à soupe d'huile
- Sel

1 Écalez les œufs, faites quelques incisions, puis saupoudrez-les avec 1/4 de cuillerée à café de curcuma. Faites-les revenir dans une poêle avec 2 cuillerées à soupe d'huile. Retirez-les.

2 Lavez les pommes de terre, pelez-les, détaillez-les en dés de 3 cm et mélangez-les avec 1/4 de cuillerée à café de curcuma. Faites-les revenir dans la même poêle puis retirez-les.

3 Pelez et hachez les oignons et l'ail. Pelez et râpez le gingembre.

4 Faites chauffer le ghee. Faites-y revenir les oignons, la cardamome, les clous de girofle, la cannelle et le laurier à feu moyen, environ 5 min. Incorporez le reste du curcuma, le piment moulu et le gingembre râpé, et continuez la cuisson 5 min.

5 Ajoutez les pommes de terre, les œufs, le sel et 25 cl d'eau. Couvrez et laissez mijoter à feu moyen 20 min.

6 Faites revenir le garam masala et l'ail avec le reste de l'huile dans une petite poêle et versez le tout sur le curry.

Agneau au yaourt

Rogan Gosh

Pour **6 personnes** – Préparation : **environ 1 heure 45**

Une portion contient environ : 600 kcal

Protides 32 g – Lipides 50 g – Glucides 6 g

Difficulté : ★★ - Coût : €€

- 1 kg d'épaule d'agneau
- 1 morceau de gingembre frais de 4 cm de long
- 2 écorces de cannelle de 5 cm de long chacune
- 6 oignons, 4 gousses d'ail
- 6 clous de girofle
- 3 feuilles de laurier
- 6 cuil. à soupe de yaourt
- Les graines de 8 capsules de cardamome verte
- 2 cuil. à café de coriandre moulue
- 2 cuil. à café de cumin moulu
- 1/2 cuil. à café de garam masala
- 4 cuil. à café de paprika doux en poudre
- 1/2 cuil. à café de piment moulu
- 5 cuil. à soupe de ghee
- 8 grains de poivre noir, sel

1 Détaillez la viande en dés de 2 cm. Pelez le gingembre et l'ail et réduisez-les en purée avec de l'eau. Pelez et hachez finement les oignons.

2 Faites chauffer le ghee. Faites-y revenir vivement la viande. Puis, faites revenir un instant cardamome, clous de girofle, laurier, poivre et cannelle dans la sauteuse.

3 Ajoutez les oignons et faites-les dorer. Incorporez la purée de gingembre et faites-la revenir 1 min. Puis, faites revenir les épices en poudre et du sel 1 min.

4 Remettez la viande. Délayez-y le yaourt et faites réchauffer le tout 5 min. Arrosez avec 30 cl d'eau et amenez à ébullition. Couvrez et faites cuire à feu doux 50 min. Saupoudrez de garam masala et servez.

Émincé de poulet aux amandes

Murg Man Pasand

Pour **6 personnes** – Préparation : environ **50 minutes**
Une portion contient environ : 320 kcal
Protides 40 g – Lipides 16 g – Glucides 4 g
Difficulté : ★★ - Coût : €€

- 1 kg de blancs de poulet
- 3 tomates
- 1 morceau de gingembre frais de 3 cm de long
- 4 écorces de cannelle (5 cm de long chacune)
- 6 oignons, 6 gousses d'ail
- 4 clous de girofle
- 1 cuil. à café de curcuma
- Les graines de 6 capsules de cardamome verte
- 1 cuil. à soupe de feuilles de coriandre fraîche
- 1/2 cuil. à café de coriandre moulue
- 1 1/2 cuil. à café de cumin moulu
- 1/4 de cuil. à café de piment moulu
- 3 cuil. à soupe d'amandes en poudre
- 1 cuil. à soupe d'amandes effilées
- 3 cuil. à soupe de ghee
- Sel

1 Ôtez la peau des blancs de poulet et découpez-les en lanières. Épluchez les oignons et détaillez-les en fins bâtonnets. Pelez et pressez l'ail. Pelez et râpez le gingembre. Lavez ensuite les tomates et détaillez-les en dés.

2 Faites chauffer le ghee. Faites-y dorer les oignons 10 min, en remuant. Faites ensuite revenir l'ail et le gingembre 2 min. Ajoutez les épices entières et faites-les revenir aussi 2 min. Ajoutez le poulet et faites-le cuire 5 min en mélangeant. Incorporez les épices en poudre et du sel. Mélangez le tout.

3 Incorporez les tomates, les amandes en poudre et 25 cl d'eau chaude. Portez à ébullition. Couvrez et laissez mijoter 25 min en remuant souvent. Parsemez de coriandre et d'amandes effilées.

Poulet tandoori

Tandoori Murg

Pour **4 personnes** – Temps de marinade : **6 à 24 heures** – Préparation : environ **1 heure 15**
Une portion contient environ : 200 kcal
Protides 37 g – Lipides 4 g – Glucides 4 g
Difficulté : ★ - Coût : €

- 1 kg de morceaux de poulet (cuisses et blancs)
- 1 morceau de gingembre frais de 4 cm de long
- 3 gousses d'ail
- 300 g de yaourt au lait entier
- 1 cuil. à café de coriandre moulue
- 1 cuil. à café de cumin moulu
- 1/2 cuil. à café de curcuma
- 1 cuil. à café de noix muscade en poudre
- 2 cuil. à café de paprika doux en poudre
- 1/2 cuil. à café de piment moulu
- 1/4 de cuil. à café de colorant rouge (facultatif)
- 10 cuil. à soupe de vinaigre
- 1/2 cuil. à café de poivre noir moulu
- Sel

1 Retirez la peau du poulet. Coupez les blancs en deux, laissez les cuisses entières. Faites quelques incisions pour que les épices pénètrent mieux. Déposez les morceaux sur un plat, salez-les et arrosez-les de vinaigre. Laissez-les reposer 1 h.

2 Pelez le gingembre et l'ail et râpez-les. Versez le yaourt dans un grand saladier, ajoutez toutes les épices et le colorant rouge. Mélangez bien. Déposez-y les morceaux de poulet, mélangez, couvrez et laissez mariner de 6 à 24 h au réfrigérateur.

3 Préchauffez le four à 170 °C (th. 5). Prélevez les morceaux de poulet et déposez-les sur une plaque à pâtisserie recouverte d'une feuille d'aluminium. Enfournez à mi-hauteur et faites cuire 45 min.

4 Badigeonnez, de temps à autre, les morceaux de poulet avec le reste de la marinade et retournez-les. Faites un test de cuisson à l'aide d'un couteau ; si vous voyez s'échapper un jus clair, le poulet est cuit. Servez-le bien chaud.

Fruits de mer au lait de coco

Jhinga Malai

Pour **4 personnes** – Préparation : environ **1 heure**
Une portion contient environ : 320 kcal
Protides 24 g – Lipides 22 g – Glucides 6 g
Difficulté : ★★ - Coût : €€€

- 1 crabe cuit de 500 g environ
ou 500 g de crevettes crues
- 4 oignons
- 2 feuilles de laurier
- 2 clous de girofle
- 2 écorces de cannelle de 6 cm de long
- Les graines de 2 capsules de cardamome verte
- 1 cuil. à café de curcuma
- 1 cuil. à café de garam masala
- 1/2 cuil. à café de piment moulu
- 40 cl de lait de coco
- 1 cuil. à café de sucre
- 2 cuil. à soupe de ghee ou d'huile
- Sel

1 Ôtez la carapace du crabe, ou décortiquez les crevettes. Pelez les oignons, hachez-en 2 et réduisez les 2 autres en purée. Faites chauffer le ghee dans une poêle. Ajoutez le garam masala et faites-le revenir 1 min. Ajoutez les oignons, faites-les dorer.

2 Incorporez progressivement la purée d'oignon, le curcuma, le piment, le laurier, la cannelle, la cardamome et les clous de girofle et faites-les revenir ensemble en mélangeant constamment. Réduisez le feu si nécessaire.

3 Arrosez avec 20 cl de lait de coco, salez, sucrez et mélangez bien. Déposez le crabe ou les crevettes dans la sauce, remuez délicatement et faites cuire à feu doux pendant environ 10 min.

4 Versez le reste du lait de coco dans la poêle et portez à ébullition. Servez avec du riz basmati ou des puri (voir p. 40).

Curry de poisson

Macchli Kari

Pour **4 personnes** – Préparation : environ **45 minutes**
Une portion contient environ : 180 kcal
Protides 16 g – Lipides 10 g – Glucides 6 g
Difficulté : ★ - Coût : €€

- 800 g de filet de poisson blanc
- 2 tomates
- 2 pommes de terre
- 2 piments frais
- 1 morceau de gingembre frais de 4 cm de long
- 4 cuil. à soupe de yaourt au lait entier
- 2 cuil. à café de cumin moulu
- 2 cuil. à café de curcuma
- 3 cuil. à café de poudre de moutarde
- 2 cuil. à café de paprika doux en poudre
- 1/4 de cuil. à café de piment moulu
- 2 cuil. à soupe d'huile
- Sel

1 Détaillez le poisson en gros dés. Lavez les tomates et coupez-les en quatre. Lavez les pommes de terre, pelez-les et coupez-les en bâtons de 6 cm sur 1 cm. Nettoyez les piments, lavez-les et hachez-les. Pelez le gingembre et hachez-le. Délayez la moutarde en poudre avec 6 cuillerées à soupe d'eau et laissez reposer.

2 Faites chauffer l'huile dans une grande poêle. Faites revenir les piments, le gingembre et les épices en poudre à feu doux 5 min, en mélangeant. Ajoutez le yaourt et les tomates et faites cuire 5 min en remuant. Arrosez avec 15 cl d'eau et portez à ébullition en remuant.

3 Incorporez les pommes de terre et la moutarde délayée et faites cuire le tout encore 5 min. Salez. Déposez le poisson dans la sauce. Couvrez à demi et faites cuire à feu modéré encore 5 min, en nappant le poisson de sauce de temps à autre.

Poisson à l'oignon

Maccher Kalia

Pour **4 personnes** – Préparation : environ **45 minutes**
Une portion contient environ : 270 kcal
Protides 23 g – Lipides 18 g – Glucides 5 g
Difficulté : ★★ - Coût : €€

- 800 g de filets de truite saumonée ou autre
- 3 tomates
- 2 piments frais
- 1 morceau de gingembre frais de 4 cm de long
- 2 cuil. à soupe de yaourt au lait entier
- 2 feuilles de laurier
- 3 oignons
- 2 gousses d'ail
- 1/2 cuil. à café de graines de cumin
- 1 1/2 cuil. à café de curcuma
- 1 cuil. à café de garam masala
- 3 cuil. à soupe de ghee
- Sel

1 Détaillez le poisson en gros dés. Saupoudrez-les avec 1/2 cuillerée à café de sel et 1/2 cuillerée à café de curcuma. Laissez reposer. Pelez et hachez finement les oignons. Lavez les tomates et coupez-les en quatre. Nettoyez les piments, lavez-les et hachez-les menu. Ensuite, pelez et râpez le gingembre et l'ail.

2 Faites chauffer le ghee dans une sauteuse. Faites-y revenir le laurier et le cumin 1 min. Ajoutez les oignons et faites-les dorer en mélangeant. Incorporez le gingembre, l'ail, les piments, le reste du curcuma, et faites revenir le tout 2 min. Ajoutez les tomates et le yaourt et faites cuire 3 min en remuant. Arrosez avec 15 cl d'eau et portez à ébullition.

3 Dès que la sauce bout, réduisez le feu. Salez et déposez le poisson dans la sauteuse. Recouvrez de sauce et faites cuire à feu doux et à couvert 10 min.

4 Juste avant de servir, saupoudrez de garam masala et retournez le poisson délicatement. Servez avec du riz chaud.

Riz au safran et aux petits légumes

Pulao

Pour **6 personnes** – Préparation : environ **45 minutes**
Une portion contient environ : 450 kcal
Protides 8 g – Lipides 25 g – Glucides 60 g
Difficulté : ★ - Coût : €€

- 400 g de riz basmati
- 250 g de jeunes carottes
- 250 g de petits pois surgelés
- 3 feuilles de laurier
- 5 clous de girofle
- 2 écorces de cannelle (de 5 cm de long)
- Les graines de 5 capsules de cardamome verte
- 2 doses de safran en poudre
- 20 raisins secs
- 25 g d'amandes effilées
- 25 g de noix de cajou
- 2 cuil. à soupe de sucre
- 6 cuil. à soupe de ghee
- Sel

1 Rincez le riz dans une passoire et égouttez-le. Mettez le safran dans une tasse et arrosez-le avec environ 3 cuillerées à soupe d'eau bouillante. Broyez les noix de cajou.

2 Faites chauffer le ghee à feu modéré, dans une grande casserole. Jetez-y la cannelle, la cardamome, les clous de girofle et le laurier et faites revenir ces épices pendant 2 min.

3 Ajoutez le riz, les raisins secs, les légumes et faites cuire le tout environ 3 min. Incorporez le safran, les amandes, les noix de cajou, du sel et le sucre, et mélangez soigneusement tous les ingrédients.

4 Arrosez le riz avec 1 litre d'eau et portez rapidement à ébullition. Réduisez le feu ou éteignez la plaque électrique. Laissez gonfler le riz à couvert pendant 15 min, jusqu'à ce qu'il soit moelleux et qu'il ait absorbé tout le liquide. Surtout ne mélangez pas ! Servez aussitôt.

Puri

Pour **15 puri** – Préparation : environ **45 minutes**
Un puri contient environ : 120 kcal
Protides 1 g – Lipides 10 g – Glucides 6 g
Difficulté : ★★ - Coût : €

- 150 g de farine de blé complet
- 2 cuil. à soupe de ghee ou d'huile
- Huile pour friture
- 1/2 cuil. à café de sel

1 Mettez la farine, le sel et le ghee (ou l'huile) dans un saladier. Versez lentement 7,5 cl d'eau tiède (environ 5 cuillerées) et pétrissez bien tous les ingrédients à la main pendant environ 10 min, jusqu'à l'obtention d'une pâte lisse et élastique.

2 Divisez la pâte en 15 parts. Étalez-les au rouleau sur une surface préalablement huilée, en autant de disques de 15 cm de diamètre. Ne les empilez pas ! Ils colleraient les uns aux autres.

3 Faites chauffer l'huile à feu vif dans une friteuse ou un kerai et, lorsqu'elle est sur le point de fumer, réduisez le feu.

4 Plongez-y un premier disque de pâte, et pressez-le en son milieu à l'aide d'une écumoire, jusqu'à ce qu'il gonfle comme un ballon. Retournez-le et faites dorer l'autre côté. Retirez-le et égouttez-le. Gardez-le au chaud dans un récipient muni d'un couvercle. Procédez de la même façon pour les autres puri. Servez-les bien chauds.

◆ Il est amusant de plonger les disques de pâte dans l'huile chaude et de les voir gonfler comme des ballons.

Paratha

Pour **16 paratha** – Préparation : environ **1 heure 30**
Une galette contient environ : 130 kcal
Protides 3 g – Lipides 6 g – Glucides 15 g
Difficulté : ★★★ - Coût : €

- 400 g de farine chapati
- 2 cuil. à soupe de ghee ou d'huile
- Ghee fondu pour badigeonner
- 1 cuil. à café de sel

1 Mettez la farine, le ghee (ou l'huile), 25 cl d'eau et le sel dans un saladier.

2 Travaillez bien les ingrédients avec vos mains pendant au moins 15 min, jusqu'à l'obtention d'une pâte lisse et souple. Rassemblez cette pâte en boule, ensuite badigeonnez-la avec un peu de ghee fondu et laissez-la reposer environ 20 min.

3 Divisez la pâte en 16 parts égales et roulez-les en boules. Étalez celles-ci au rouleau sur une surface farinée en disques minces d'environ 17 cm de diamètre. Enduisez chaque disque de ghee fondu et repliez-le en deux. Puis enduisez à nouveau le disque replié de ghee fondu et pliez-le encore de façon à former un triangle. Saupoudrez-le de farine et aplatissez-le au rouleau de façon qu'il fasse 20 cm de côté.

4 Faites chauffer une grande poêle en fonte. Badigeonnez la poêle avec un peu de ghee et déposez-y un triangle de pâte. Faites-le cuire à feu moyen pendant 1 min. Enduisez la surface du triangle avec un peu de ghee, retournez-le et faites cuire la face beurrée pendant 1 min. Retournez à nouveau le triangle et faites-le cuire encore 1 min. La galette est cuite lorsque les deux faces sont dorées. Procédez de la même façon pour les autres portions. Au fur et à mesure que les paratha sont cuits, mettez-les dans un récipient muni d'un couvercle pour les garder au chaud.

Nan

Pour **9 nan** – Préparation : environ **1 heure 30** – Temps de repos : environ **1 heure 15**
Un pain contient environ : 260 kcal
Protides 6 g – Lipides 5 g – Glucides 47 g
Difficulté : ★★ - Coût : €

- 500 g de farine
- 1 œuf
- 150 g de yaourt au lait entier
- 15 cl de lait environ
- 15 g de levure fraîche
- 1 cuil. à café de levure
- 2 cuil. à café de sucre
- 2 cuil. à soupe d'huile
- Sel

1 Faites tiédir le lait. Dans un saladier, délayez soigneusement 1 cuillerée à café de sucre et la levure fraîche avec le lait. Couvrez et laissez reposer 15 min.

2 Tamisez la farine au-dessus d'un grand saladier. Ajoutez 1/2 cuillerée à café de sel et la levure alsacienne. Mélangez. Progressivement, incorporez à la levure le reste du sucre, le lait, l'huile, le yaourt et l'œuf. Pétrissez vigoureusement la pâte. Couvrez-la et laissez-la reposer 1 h dans un endroit chaud.

3 Préchauffez le four à 220 °C (th. 7). Badigeonnez une plaque à pâtisserie avec un peu d'huile. Pétrissez à nouveau la pâte et divisez-la en 6 boules. Saupoudrez le plan de travail de farine, et étalez la première boule au rouleau en lui donnant la forme d'une goutte de 25 cm de long, 13 cm de large et 1 cm d'épaisseur.

4 Déposez le pain sur la plaque. Enfournez aussitôt celle-ci dans le four chaud, à mi-hauteur, et laissez cuire environ 8 min. Lorsque le pain est cuit, déposez-le sur un linge et répétez l'opération pour les autres portions.

◆ Le nan est une spécialité des Moghols. Jadis, on le cuisait dans un four tandoor.

Raita au concombre et à la tomate

Kheera Tamatar Raita

Pour **6 personnes** – Préparation : environ **20 minutes**
Une portion contient environ : 60 kcal
Protides 2 g – Lipides 4 g – Glucides 4 g
Difficulté : ★ - Coût : €

- 1 concombre
- 2 tomates à chair ferme
- 1 oignon moyen
- 300 g de yaourt
- 1 cuil. à café de cumin moulu
- 1 cuil. à café de graines de moutarde noire
- 1 cuil. à soupe d'huile
- Sel

1 Pelez et détaillez le concombre en petits dés. Lavez et coupez les tomates en petits dés. Pelez et hachez finement l'oignon.

2 Dans un saladier, mettez le yaourt, les dés de concombre et de tomates, l'oignon et le cumin. Salez et mélangez bien.

3 Faites chauffer l'huile et faites-y revenir un instant les graines de moutarde. Ajoutez-les à la préparation et mélangez bien. Servez frais.

Raita d'aubergines

Baigan-ka Raita

Pour **6 personnes** – Préparation : environ **1 heure**
Une portion contient environ : 80 kcal
Protides 3 g – Lipides 5 g – Glucides 5 g
Difficulté : ★★ - Coût : €€

- 500 g d'aubergines
- 1 tomate à chair ferme
- 1 piment frais
- 1 oignon
- 250 g de yaourt au lait entier
- 2 cuil. à café de garam masala
- 2 cuil. à soupe d'huile
- Sel

1 Préchauffez le four à 200 °C (th. 6). Lavez les aubergines et incisez la peau à intervalles réguliers. Déposez-les sur une plaque à pâtisserie et faites-les cuire dans le four à mi-hauteur pendant 40 min, jusqu'à ce que leur chair soit bien tendre. Durant la cuisson, retournez-les souvent.

2 Retirez les aubergines du four, pelez-les et détaillez-les en tout petits dés.

3 Lavez les tomates et le piment, coupez-les aussi en tout petits dés. Pelez et hachez finement l'oignon. Faites chauffer l'huile dans une poêle. Faites-y revenir l'oignon et le piment.

4 Ajoutez la tomate, le garam masala et du sel, et faites cuire 1 min, en remuant constamment. Ajoutez les aubergines et mélangez. Prolongez la cuisson de 3 min, puis retirez du feu.

5 Mettez le yaourt dans un saladier, versez-y le contenu de la poêle. Mélangez et mettez au frais jusqu'au moment de servir.

Chutney à la mangue

Am Chatni

Pour **6 personnes** – Préparation : environ **50 minutes**
Une portion contient environ : 130 kcal
Protides 0 g – Lipides 4 g – Glucides 23 g
Difficulté : ★★ - Coût : €€

- 1 grosse mangue
- 2 piments frais
- 2 piments secs
- 1/3 de cuil. à café d'assa-fœtida
- 1/4 de cuil. à café de curcuma moulu
- 1 cuil. à café de graines de moutarde noire
- 100 g de sucre de canne
- 2 cuil. à café de fécule
- 1 cuil. à soupe de ghee ou d'huile
- Sel

1 Retirez la chair de la mangue de chaque côté du noyau. Ôtez la peau et coupez la pulpe en lamelles. Lavez et équeutez les piments frais et détaillez-les en tout petits dés. Délayez la fécule avec 2 cuillerées à soupe d'eau et laissez reposer.

2 Dans une casserole, portez à ébullition 25 cl d'eau avec le curcuma et du sel. Ajoutez les lamelles de mangue et les dés de piment. Faites cuire cette préparation à feu modéré, pendant 20 min, jusqu'à ce que la mangue soit tendre. Augmentez le feu et prolongez la cuisson de 5 min. Incorporez le sucre. Ajoutez la fécule délayée et portez à ébullition. Retirez du feu.

3 Faites chauffer le ghee ou l'huile dans une petite poêle. Faites-y revenir un instant les graines de moutarde et les piments secs. Ajoutez l'assa-fœtida, puis incorporez le tout au chutney. Mélangez soigneusement et entreposez au frais jusqu'au moment de servir. Sachez que le froid fait un peu épaissir le chutney.

Chutney aux pommes

Seb-ki-Chatni

Pour **10 personnes** – Préparation : environ **45 minutes**
Une portion contient environ : 110 kcal
Protides 0,3 g – Lipides 6 g – Glucides 16 g
Difficulté : ★★ - Coût : €

- 1 kg de pommes acides
- 2 piments frais
- 2 cuil. à café de mélange de cinq-épices (panch phora)
- 1 cuil. à café de cumin moulu
- 1 cuil. à café de curcuma
- 2 cuil. à café de jus de citron
- 3 cuil. à soupe de sucre de canne
- 3 cuil. à soupe de ghee
- Sel

1 Pelez les pommes, retirez-en le cœur, puis détaillez-les en petits dés. Lavez les piments, ôtez-en le pédoncule et fendez-les en deux.

2 Faites chauffer le ghee et faites-y revenir les épices à feu modéré, pendant 30 secondes, en mélangeant constamment. Ajoutez les dés de pomme et faites-les cuire pendant environ 4 min. Arrosez le tout avec 10 cuillerées à soupe d'eau. Couvrez le chutney et laissez-le cuire à feu doux pendant 20 min, jusqu'à ce que les pommes soient très tendres.

3 Ajoutez le sucre et le jus de citron et poursuivez la cuisson à feu moyen, en ayant soin de remuer constamment, jusqu'à ce que le chutney épaississe. Ensuite, laissez refroidir.

Conseil
Les chutneys cuits peuvent être mis en pots et conservés au frais pendant quelques semaines. Attention : n'utilisez pas de couvercles en métal !

Mousse à la mangue

Malai Am

Pour **4 à 6 personnes** – Préparation : environ **10 minutes**
Une portion contient environ : 170 kcal
Protides 1 g – Lipides 11 g – Glucides 18 g
Difficulté : ★ - Coût : €€

- 400 g de pulpe de mangue
- 200 g de crème
- 2 cuil. à café de sucre

1 Fouettez la crème en chantilly avec le sucre. Incorporez-y délicatement la pulpe de mangue.

2 Répartissez le dessert dans des coupes et mettez-les au frais. Vous pouvez éventuellement décorer la mousse avec un peu de chantilly.

Boulettes au sirop

Gulab Jamun

Pour **40 boulettes** – Préparation : environ **1 heure**
Une portion contient environ : 410 kcal
Protides 1 g – Lipides 10 g – Glucides 80 g
Difficulté : ★★★ - Coût : €

- 45 g de farine
- 12 cl de lait
- 175 g de lait en poudre
- 750 g de sucre
- 1 cuil. à café de levure alsacienne
- 1 cuil. à café de cardamome moulue
- 1 cuil. à soupe d'eau de rose
- 1 cuil. à soupe de ghee
- Huile pour friture

1 Dans une casserole, faites chauffer 1 litre d'eau avec le sucre et laissez cuire 5 min, jusqu'à ce que le sucre soit dissous. Ajoutez l'eau de rose, mélangez et retirez du feu.

2 Faites tiédir le lait. Mettez le lait en poudre, la farine, la levure, la cardamome et le ghee dans une jatte et travaillez le tout avec les doigts. Arrosez lentement avec le lait tiède et mélangez jusqu'à l'obtention d'une pâte homogène. Celle-ci doit presque coller aux doigts. Si elle est trop sèche, ajoutez un peu de lait.

3 Façonnez des boulettes de 2 cm de diamètre.

4 Faites chauffer l'huile à feu doux dans une casserole ou un kerai si vous en possédez un. Attention, la graisse ne doit pas être trop chaude pour que les boulettes cuisent lentement et uniformément. Plongez-les dans l'huile par petites quantités, et faites-les frire 15 min, jusqu'à ce qu'elles soient bien dorées. Tournez-les de temps à autre à l'aide d'une écumoire.

5 Pour vérifier que les boulettes sont cuites, prélevez-en une et plongez-la dans le sirop ; si elle ne s'est pas défaite au bout de 2 min, la cuisson est terminée. Retirez les boulettes, égouttez-les et plongez-les dans le sirop. Servez-les chaudes ou froides avec le sirop. À couvert et dans un endroit frais, elles se conserveront quelques jours.

Boulettes au moong dal

Moong Laddu

Pour **20 à 25 boulettes** – Préparation : environ **1 heure 30** –
Temps de refroidissement : environ **1 heure**
Une portion contient environ : 710 kcal
Protides 19 g – Lipides 49 g – Glucides 49 g
Difficulté : ★★ - Coût : €

- 500 g de moong dal (haricots jaune-vert)
- 1 cuil. à café de cardamome moulue
- 375 g de sucre en poudre
- 375 g de ghee

1 Moulez finement le moong dal au moulin à céréales. Faites dorer la farine obtenue à feu doux dans une casserole à fond épais, pendant environ 1 h, sans jamais cesser de remuer. Laissez refroidir complètement.

2 Faites chauffer le ghee dans une autre casserole, mais pas trop pour ne pas vous brûler ! Versez le sucre en poudre, retirez la casserole du feu et mélangez à la main.

3 Ajoutez la farine refroidie et la cardamome au mélange ghee-sucre. Travaillez bien le tout. Si la pâte est trop molle, placez-la un instant au réfrigérateur.

4 Façonnez 20 à 25 boulettes de la grosseur d'une noix et entreposez-les au frais pendant 1 h.

♦ Ces boulettes se conservent jusqu'à 4 semaines au réfrigérateur.

Boisson sucrée au yaourt

Mithi Lassi

Pour **4 personnes** – Préparation : environ **10 minutes**
Une portion contient environ : 120 kcal
Protides 4 g – Lipides 4 g – Glucides 18 g
Difficulté : ★ - Coût : €

- 500 g de yaourt au lait entier
- 4 cuil. à soupe de sucre
- 25 cl d'eau glacée
- Glace pilée

1 Mélangez le yaourt avec l'eau glacée et le sucre à l'aide d'un fouet à main ou dans un mixeur, jusqu'à ce que la surface commence à mousser.

2 Ajoutez la glace pilée et entreposez la boisson au réfrigérateur avant de servir.

Thé aux épices

Masala Tschai

Pour **4 personnes** – Préparation : environ **20 minutes**
Une portion contient environ : 120 kcal
Protides 4 g – Lipides 4 g – Glucides 16 g
Difficulté : ★★ - Coût : €€

- 1,5 litre de lait
- 5 cuil. à café de thé noir
- 1 morceau d'écorce de cannelle de 5 cm
- Les graines de 6 capsules de cardamome verte
- 6 clous de girofle
- Sucre ou miel selon votre goût

1 Faites griller la cannelle, la cardamome et les clous de girofle dans une poêle sans matière grasse, en remuant constamment.

2 Versez 1,5 litre d'eau dans une casserole, jetez-y les épices grillées et portez le tout à ébullition. Laissez bouillir doucement à couvert et à feu doux, pendant 10 min.

3 Incorporez le lait et le sucre (ou le miel) au contenu de la casserole, et portez de nouveau à ébullition. Retirez la casserole du feu, ajoutez le thé et laissez infuser 3 à 5 min. Passez le thé et servez-le très chaud.

Variante

En Inde, on apprécie également le café épicé : portez à ébullition 1 litre d'eau et 1 litre de lait. Ajoutez 10 cuillerées à café de café moulu. Ajoutez les graines de 4 capsules de cardamome et 6 cuillerées à café de sucre. Laissez bouillir doucement 3 min. Filtrez et servez très chaud.

Cet ouvrage reprend la majorité des recettes du livre *Cuisine indienne*,
paru en 1995 dans la collection Petits Pratiques Hachette, chez Hachette Pratique.

Valérie Drouet remercie les boutiques suivantes :

CFOC, 167 boulevard Saint-Germain, 75006 Paris.
Liwan, 8 rue Saint Sulpice, 75006 Paris.
Fabulindes, 52 rue Jacob, 75006 Paris.
Les Touristes, 17 rue des Blancs Manteaux, 75004 Paris.
Zéro One One, 2 rue Marengo, 75001 Paris.
CMO, 5 rue Chabanais, 75002 Paris.

Ainsi que les créations textiles de JUMA.

L'éditeur remercie Cécile Mendiboure et Vanessa Martel pour leur aide précieuse.

Direction : Stephen Bateman
Direction éditoriale : Pierre-Jean Furet
Édition : Christine Martin
Correction : Sophie Rey-Lilienfeld
Conception intérieure : Dune Lunel
Réalisation intérieure : MCP
Conception couverture : Nicole Dassonville
Réalisation couverture : Sophie Bougnon
Fabrication : Claire Leleu

Dépôt légal : janvier 2005
ISBN : 2-01-62-0949-6
62 66 0949-01-8

Impression : G. Canale & C.S.p.A., Turin (Italie).